CHORAL EXERCISE

ITOH M METHOD

合唱エクササイズ
日本語編

伊東恵司／著

カワイ出版

はじめに

　例えば、私たちは外国語の歌を歌う時には、アクセントや発音記号を確認したり、舌のポジション、息の吐き具合や響かせるポイントを学んだりします。単語の意味や、場合によっては冠詞と名詞の具合等も調べ、センテンスからフレーズを考えるかもしれません。

　他方で、日本語の歌の場合はどうでしょうか？

　もちろん、合唱団によっては日本語の発語を研究し、とても表情豊かな演奏をされているだろうと思います。しかし、一般的にはつい分かっているつもりになっているから研究をしない、意味も特に考えない、何となく出来ていると思ってしまう…、というような現象が起こっていないでしょうか。楽譜には音符の上にひらがなだけで示されている場合も多く、よく考えるとひらがな（表音文字）を追っているだけで意味もあまり掌握しないまま歌っている、という場面に出くわすこともあります。とは言え「気持ちを込める」だけではなく、日本語の特徴を説明してくれ、と言われても、普段当たり前にあるものすぎてそのメカニズムを体系立てて確認し、説明することはなかなか難しいものです。

　本編では、私たちが普段話している言葉について、さまざまな観点から捉えてみるとともに、言葉と音符やフレーズの関係、詩と音楽の関係、作曲家とテキストの関係、…等について考えてみたいと思います。

　日本語の歌をより良く歌うためには、日本語の仕組みや日本の詩歌の特徴についても理解しておく必要がありますからね。一度立ち止まるつもりで、共に考えてみてもらえればと思います。

伊 東 恵 司

目　　次

はじめに

第 1 章　言葉とは何か ……………………………………………………… 4
言葉の仕組み（シニフィアン、シニフィエ）／「語感」からみた言葉の作用

第 2 章　日本語の特徴とは何か ………………………………………… 6
日本語とは非常に複雑な要素を柔軟に組み合わせている言語である／
特徴 1　子音と母音の関係／特徴 2　アクセントについて

第 3 章　日本語の詩を味わおう ………………………………………… 10
詩とは／詩歌を味わう

第 4 章　日本の音楽とは何か ……………………………………………… 14
日本の音楽について／特徴 1　和音について／特徴 2　拍子について／
日本の合唱曲とは

第 5 章　日本語の合唱曲を歌うときに気をつけるべきこと（1）
〜日本語のメカニズムを忘れない ……………………………… 19

第 6 章　日本語の合唱曲を歌うときに気をつけるべきこと（2）
〜言葉と歌の関係、言葉と音楽の関係 ………………………… 22

第 7 章　作曲者・編曲者がどう詩を読んでいるのか ………………… 24

第 8 章　まとめ、言葉を歌う ……………………………………………… 26
朗読してみる／日本語のメカニズムを思い出そう／歌詞と楽曲との関係は
どうか？／母音と子音のバリエーション／言葉だけではなく内容を歌えて
いるか？

第 9 章　言葉を超えて響くもの ………………………………………… 30

おわりに

第1章 言葉とは何か

第1課 言葉の仕組み（シニフィアン、シニフィエ）

「言葉」というものを考えたとき、それがあまりにも根源的なものでありすぎてなかなか掴みどころがないものです。しかしながら「はじめに言葉ありき」で、言葉というものは「我々を我々たらしめている」ものであるとともに、コミュニティや社会秩序の基盤とも言えます。世界にはおよそ数千もの言語があると言われていますが、方言的なものも含めると恐らく数え切れないくらいになるでしょう。

「言葉」はそれを了解しているコミュニティの中で成立するもので、例えば日本語を解しない人に「私は団子が好きだ」と言っても分からないということになります。さらには「団子という言葉」を知らない人に「意味」は了解されないことにもなります。要するに言葉はコミュニティの緩やかな「内部ルール」であるとともに、絶対的なものではなく文脈依存するわけです。

とは言え、単純にそうとも言い切れない現象があります。有名なものでは「ブーバ・キキ効果」と言われますが、親しみのある丸っこい曲線と少し尖ったギザギザの直線からなる2つの図形を見せて、どちらが「ブーバ」でどちらが「キキ」と呼ぶのに相応しいか、という実験をすると、民族や年齢や母語に関係なく、ほぼ全員が同じようにブーバ（丸っこい）とキキ（尖っている）を名付け分けるというものです。いわゆる聴覚と視覚、音と心理の連関についての実験ですが、おそらく、「ふわふわ」と「ドッカーン」という言葉でも似たような結果が得られるのではないでしょうか。

ソシュールの言語学では、言語というものの性質や機能がシニフィアン（signifiant）とシニフィエ（signifié）から説明されています。「シニフィアン」はフランス語の（意味すること）（意味しているもの）（表しているもの）を指し「記号表現（表層）」にあたります。「シニフィエ」は（意味されているもの）（表されているもの）を指し、「記号内容（中身）」に当たります。

例えば、「山」という言葉があるとして、下記のようなことになります。

［シニフィアン］（記号表現）signifiant
　…「山」という文字や「やま＝YAMA」という音声。言語の感覚的な側面。

［シニフィエ］（記号内容）signifié
　…「山」のイメージや概念、意味内容。

少し観点を変えて日本語で考えてみても、私たちが「カケル＝Kakeru」と言うとき、その意味ということになると、次のようにたくさんの可能性があります。私たちはそれをイントネーションによって、あるいは文脈の中で理解し分けているということでもあります。そういう点では、言葉は「外側と内側」で出来ているのですが、それらは完全に1対1という対応関係ばかりではなく曖昧な要素を含んで相互作用しながらもコミュニケーション全体の中に存在しているのだとも言えるでしょう。

例）Kakeru …シニフィアン的には同じだが、シニフィエ的には

「掛ける、賭ける、欠ける、書ける、駆ける、描ける、掻ける」等

…の可能性がある。

第2課 「語感」から見た言葉の作用

少し「意味」の周辺も見ておきたいと思います。特定の意味から少し解放されながらも「感じ」を伝えられる言葉というものがあります。日本語は外国語に比べてもオノマトペが格段に多く使用されていますが、例えば、下記のようなものがあることに気付きます。

擬声語…声（鳴き声）を模した表現（例：げらげら・にゃあにゃあ・わんわん）
擬音語…自然の物音などを模した表現（例：がたがた・どんどん・ごんごん）
擬態語…様子や心理などの表現（例：すいすい・いらいら・わくわく）

宮沢賢治の作品には「どってこどってこ」などという不可思議で魅力的なオノマトペも出てきます。これなども「意味や指し示すものを超えて」何かが伝わる感じがします。

また、詩に繋がる要素として、語感の美しさというものがあります。言葉そのものが指し示す意味ではなく、ブーバ、キキではないですが、子音や、韻の踏み具合であったり、言葉の雰囲気が連想を誘う、ということもあるでしょう。マルセル・プルーストの「失われた時を求めて」には、語り手が子ども時代に「フィレンツェ」という土地の名前から花咲く風景を夢想していたという記述がありますが（語源には連関があるようです）、言葉は音声や響き、リズムとして、意味内容を超えてある種のイメージを広げてくれるものでもあります。

日本語でも、例えば、さくら、さよ、さわらび、さおとめ、さゆり、ささ、…というふうに語頭に「さ」が付くと、となんとなく清々とした美しいものを思い抱きます。他方で「し」で止めるというのも、引き締まった印象を与えるのかもしれません。をかし、きよし、はやし、いさおし…、余談ですが、かく言う私の名前も短歌をしていた父親が「し」という語感が好きで付けた名前だということです。

第2章　日本語の特徴とは何か

第1課　日本語とは非常に複雑な要素を柔軟に組み合わせている言語である

では、日本語とは、どんな特徴を持つ言語なのでしょうか？

ここでは極めて専門的なことを述べたいわけではありません。

少し考えただけでも日本語はかなり特殊な言語であるということが分かります。少なくとも歴史的な過程の中で「書き言葉」があり「話し言葉」があり、それぞれかなりの変化を見せていますし、敬語、方言も豊かに存在します。また表記方法についても様々な過程で「カタカナ」「ひらがな」「漢字」「ローマ字」が混ざり合っています。明治期の言文一致運動以後も、書き言葉と話し言葉は完全に統一された訳でもなく、「である調」「です・ます調」「だ調」が混在する中で今日を迎えていますので、この複雑で混沌とした状態が私たちの言語であることが分かります。私たちはそれを立場やコミュニティの違いによって柔軟に使い分けているのですが、むしろそのこと自体に驚いてしまいます。そのような根源的な部分に立ち戻って発音や文法上の特徴を考えると、とりとめのないものになりがちですし、そのことについて論じようと思うと、それだけで本書が終わりそうなので、詳細については別の専門書を参考にしてみてください。

私としては、そのような複雑で多様な日本語の現状を踏まえた上で、歌唱においてポイントとして取り扱うべき要素についてのみ考えていきたいと思います。

まず、英語と比べながら音楽と不可分な発語上の問題を取り上げてみましょう。

I am very excited about the story.

私はその話にとても興奮しています。
　わたし　は　その　はなし　に　とても　こうふんして　います
（Watashi wa sono　hanashi ni totemo kouhunshite　imasu）

英語やドイツ語と比べると、非常にはっきりとするのですが、発語という観点から見て日本語には二つの重要な特徴があると思います。

第2課　特徴1　子音と母音の関係（ほぼ1対1の関係）

　子音と母音が一対一で対応するということは、日本語において重要な特徴でしょう。対する英語には、二重母音や二重子音が含まれていることに気付きます。

　厳密にはモーラという側面から説明したほうが良いかもしれません。モーラ、モラ（mora）とは、言語学でよく用いられる用語で、音韻論上、一定の時間的長さをもった音の単位を言います。音節と言っても良いものかもしれませんが、長音「ー」、促音「っ」、撥音「ん」は、独立して1拍に数えられることが多いので、厳密に日本語の音数をカウントするときの単位のようなものと考えて良いでしょう。

> わたしは　（wa-ta-shi-wa）4モーラ
> 茶色の　　（cha-i-ro-no）4モーラ
> 本末転倒　（ho-n-ma-tsu-te-n-to-u（o））8モーラ
> 切っている（ki-t-te-i-ru）5モーラ

　短歌や俳句もそうですが、いわゆる五七調、七五調という言葉の並びやリズムの考え方の根幹をなす部分かと思います。日本語においては、ほぼ仮名一つ（上述の拗音や促音の扱いを含め）が一拍になることになります。
　整理すると

> あ、い、う・・・などの母音のみ
> か、き、く・・・などの子音＋母音
> きゃ、きゅ、きょ・・・などの子音＋半母音＋母音
> や、ゆ、よ・・・の半母音＋母音
> ん、ー、っ・・・のモーラ音素

　ということになり、いわゆる「二重母音」や「二重子音」などは存在せず、開口で終わるため子音で終わる言葉もないということになります。このことは日本語の曲について考えるとき、もしくは日本語の歌を歌うときにものすごく重要なポイントになります。
　逆に言うと、このことは実は私たちが英語やドイツ語やラテン語を歌う時に「うまくいかなくなる要素」でもあり、その原因を理解し、よりよく練習するための最大の手がかりにもなります。慣れない歌い手がラテン語やドイツ語や英語を次のように発語してしまうことはないでしょうか？

Gloria（3音節）　　　→グローリア（Gu-ro-o-ri-a）5モーラ

Freude（2音節）　　　→フロイデ（Hu-ro-i-de）4モーラ

Christmas（2音節）　→クリスマス（Ku-ri-su-ma-su）5モーラ

　英語のI love youの「I」（アイ）は二重母音ですが、「愛」（あい）は母音が二つ並びます。つまり、「I」は一音節なので音を入れるには一音符で良いのですが、「愛」は二音符必要となるわけです。そういうこともあって、私たちはどうしても二重母音のようなものに慣れなかったり、一つの子音に対して必ず母音を付けてしまう習性があるようですね。外国語と日本語の違いに関しては、つい五つに代表される日本語の母音の種類と、それ以上にある外国語の母音の違い、というようなところに目がいってしまいがちですが、それよりも根源的な問題として、音節の感じ方が異なってしまっている（モーラ単位）ところに最大のポイントが存在すると思っています。

第3課　特徴2　アクセントについて（高低アクセント）

　これも英語やドイツ語のメカニズムと比べてみるとよく分かるでしょう。例えば「ピアノ」という言葉を日本語で発音すると平板な発語になりますが、英語ではPiánoとアクセント位置を強調しないと通じないでしょう。いわゆる和製英語とか、日本人が陥りやすい発語では、ミネラルウォーターなどの「ウォーター」は平板な発音になってしまいますが、英語ではWáterとアクセント位置を強調して発語することが必要です。中学の英語の試験で、単語のアクセントの位置を問うテストがあったように思いますが、英語やドイツ語などはどの位置にアクセントが来るのかということが最重要な事項だと言うことにもなります。よく英語圏の方などが日本語を学びたてのときに「わた́ーしは」というような、強弱のアクセントをつけて発語されることがあると思います。それは、私たちからする不自然に聞こえてしまいますが、強弱のアクセントを母語に持つ人にとってはそのルールがなかなか抜けないということなのでしょう。つまり日本語とは、そのような強弱のアクセントを持たない言語だということです。では、代わりにどのようなアクセントもしくはそれに代わる特徴があるのか、ということですが、結論的には、日本語は原則的には、語頭を中心とした音（ピッチ）による高低アクセント（もしくはアクセントに類するもの）を持つ言語だと言えるのです。面白いことに、このルールはなかなか一般化出来ず、語ごとに違い、モーラ単位で高低が決まっているようです。

　先ほど、同音異義語としてのKakeruを例にしましたが、標準語という前提でアクセントの切り口から見ると、「掛ける」と「欠ける」が別の高低を持っていることは言うまでもないでしょう。「雨」「飴」も違います、「道」と「未知」や「牡蠣」と「柿」も違いますね。面白いのはこれは文脈の中で変わってもくることです。後に続く助詞が「は」「の」だったとして「ゆめは」と「ゆ

めの」で異なります。「橋」「端」は、単独ではそれぞれ「ハ↗シ」「ハ↗シ」ではありますが、後ろに「が」ついた場合などは「ハ↗シ↘ガ」「ハ↗シガ」となります。

　様々な呼び方やまとめ方があるようなのですが、ひとまず私たちが分かりやすいように簡略化すると、下記のように整理することが出来るかと思います。

　　　　——→　　　　　平板型
　　　　○↘○　　　　　頭高型
　　　　○↗○→が　　　尾高型
　　　　○↗○↘が　　　中高型

　　　　——→　　　　　平板型
　　　　○↘○○→が　　頭高型
　　　　○↗○○→が　　尾高型
　　　　○↗○↘○が　　中高型

　また、「き↗もち」「に↗お↘い」のように1拍目から2拍目にかけて音の上昇がある言葉でも、文になる場合には「き↗みのきもちが」「こ↗のにお↘いが」のように、発音したひとまとまりの開始に上昇が現れます。これは、句と句のまとまりを分かりやすくする機能を担っているのだともされますが、下降の開始が変更されることはなく、私たちは、非常に複雑なルールを自在に操っていたんだということに驚くしかありません。

　これらはあくまでも標準語のイントネーションではありますが、日本語論に流れず、歌唱に必要な知識だけを整理をしてみると、日本語の発語上の一番のポイントは、たいていの場合が「最初と二つめの音節（モーラ）の高低差やそれに伴う推進力等でニュアンスを形成している」ことだと言えそうです。つまり発語に際しては、「語頭が大事」であり、「語頭に表情が出る」「語頭が聞こえないと伝わりにくい」言葉である、と言うことが出来ると思います。そして、そのためには相対的に語尾や助詞に該当する部分を丁寧に収めたりコンパクトに発語する工夫も必要だということでしょう。

第3章　日本語の詩を味わおう

第1課　詩とは

　さて、歌に言及する前に、まだまだバックグラウンドからアプローチするということで、次に日本語による「詩」というものを考えてみたいと思います。これまた非常に捉え方が難しいことですが、「詩」とは言語の表面的な意味（だけ）ではなく、比喩や隠喩等を用いながら表現される最古の文学の形式だ、と定義することが出来るかもしれません。つまり、意味を伝えるという合理的（整合性を持った）機能だけで完結するものではなく、一定のリズムを持つ（味わう）ものであり、一定の形式に凝縮して言葉を収め、感情や描写を表すための表現上の工夫（修辞技法）がなされているもの、と言えるのかもしれません。

＜例＞
　型について
　　起承転結（漢詩等）
　　ソネット（十四行詩：語尾に関しての脚韻　ABBA,ABBA,CDE,CDE等）
　　有節形式（1番、2番と反復）
　　序破急（反復なし、周期性なく一方的な流れ）
　　自由詩（定型から離れたもの、口語によるもの等）
　技法について
　　象徴、直喩、隠喩

　ギリシャの叙事詩は詩人たちによって高らかに歌われてきたのでしょうし、一定のリズムで伝承されてきたカレワラ（フィンランドの神話）やソネットなどでもそうですが、印刷技術が普及する前は詩とは読まれるものではなく、朗誦されるもの、もしくは「歌われる」ものでもあったのでしょう。その後、詩の多くは活字で提供され「読まれる」ようになりましたが、韻文を脳内で朗唱したり、節を付けて歌われたりすることがある程度想定されている場合もあるのではないでしょうか。（漢詩に節を付けて詠じる詩吟や、短歌をはじめ、日本でも詩とは声に出して読まれる前提のものであったように思われます。）

　つまり詩とは、音声や音楽との不可分の関係を持ち、言の葉から言葉の森へと（発語からまとまりへと）展開していく過程でのざわめき（間接的に多様なイマジネーションを想起させる）とも言えます。そういう理由で、そもそも付曲される前からある種の音楽的な律動を含んでいるものでもあるのです。

第2課 詩歌を味わう

　実際に詩歌について考えてみましょう。国語の授業のようですが、斎藤茂吉の短歌を引用して
みます。

「斎藤茂吉の短歌」
　　あかあかと　一本の道とほりたり　たまきはる我が命なりけり　　＜あらたま＞

私なりに解釈してみますと、次のようになるかと思います。

　　…見渡すと一本の道が伸びている。血のように赤い太陽が、その道を照らしている。僕はこ
　　の真っ直ぐに伸びた一本の道を歩まねばならないのだ。命の限りに。

　有名な短歌ですので、師を失った心境を論じられたり、ゴッホの絵画を引用されることもあり
ますが、乱暴な言い方をすれば、意味だけを追いかけてしまうと、短歌の魅力の半分は失われて
しまうように思います。「あかあか」という言葉の強さや、枕言葉の「たまきはる」から「命なり
けり」を導く強い断定の調子が、燃え立つような単純で力強いリズムと響きを作っているように
思います。

　もう一つ詩を味わってみたいと思います。

「島崎藤村の詩」　初恋～＜若菜集＞

　　まだあげ初めし前髪の　　　　　　　　わがこゝろなきためいきの
　　林檎のもとに見えしとき　　　　　　　その髪の毛にかゝるとき
　　前にさしたる花櫛の　　　　　　　　　たのしき恋の盃を
　　花ある君と思ひけり　　　　　　　　　君が情に酌みしかな

　　やさしく白き手をのべて　　　　　　　林檎畑の樹の下に
　　林檎をわれにあたへしは　　　　　　　おのづからなる細道は
　　薄紅の秋の実に　　　　　　　　　　　誰が踏みそめしかたみぞと
　　人こひ初めしはじめなり　　　　　　　問ひたまふこそこひしけれ

勝手ながら、これも私なりに現代語に意訳して作詩してみましょう。

…髪を結い上げたばかりの君の姿が見えたとき
　その大人っぽさに僕は戸惑った
　君は、前髪に花櫛を挿していたね
　僕は君がかぐわしい花のように思えてしまったよ

　透き通った白い手をやさしく差し出して
　君は僕に林檎をくれた
　僕はその林檎に手を触れた
　それが僕の恋の始まりだった
　林檎のように薄く色づいた恋の

　急に大人びてしまった君に
　僕はどう話しかけたら良いか分からなかった
　ただ溜息が漏れて君の髪にかかった
　僕は心の中の盃で君の気持を酌んでいる
　僕は君への恋に酔っている

　林檎の木のそばで僕らは何度会ったことだろう
　僕らが踏み固めながら出来た道について、君は聞くんだ
　＜これ、いったい誰が作ったのかしら？＞
　ああ、そんな君が僕には愛おしい…

　これも有名な詩ですので、様々な解釈がなされています。私の説明しすぎる意訳はともかく、重要なのは、いかにこの内容を散文や現代の自由詩の形でなぞったとしても、原詩の持つ「韻律的な美しさ」を表現出来ないということなのです。七五調の品位あるリズムの中で「上げそめし、恋ひそめし、踏みそめし」と反復する言葉は、「次第に娘の気持の中に染まっていく」というイメージを喚起させ、反復することで高揚感に導いています。それにより物語のようにどきどきした感覚が胸にわき起こされるように思います。
　日本の詩は本来このような韻律や、言葉そのものの美しさを味わう側面が多かったはずなのです。詩が読まれるものになっていった後は、歌われるための詩の持つポピュラリティ（共感性）のようなものはひょっとすると有節歌詞や、定型の律動を使う流行歌や歌謡曲という形で分岐していったのかもしれません。

　それに対して、型にはまり切らない自由律や散文調の詩があります。時代背景から詩が担った役割にも変遷があったと思いますが、わりと直接的な気持ちや、ある種の分かりやすいメッセー

ジを強烈に出したものから、抽象画のように言葉と言葉をぶつけて醸し出されてくる情感を歌い上げたもの、生理的な孤独感や嫌悪感のようなものを表出したもの、やや不可思議な感覚とリアルな手触りを織り交ぜたもの…、多種多様な詩が生まれています。

「悲しい月夜」萩原朔太郎

ぬすっと犬めが、
くさった波止場の月に吠えてゐる。
たましひが耳をすますと、
陰気くさい声をして、
黄いろい娘たちが合唱してゐる
合唱してゐる、
波止場のくらい石垣で。

いつも、
なぜおれはこれなんだ、
犬よ、
青白いふしあはせの犬よ。

　萩原朔太郎は『月に吠える』で、自由詩の可能性を大きく拡げた詩人です。明治期以後、日本では、文語と七五調により西洋詩の再現を試みたり、文語を用いない口語詩や、七五調などの音数律を用いない自由詩なども登場し（「文語定型詩」「文語自由詩」「口語定型詩」「口語自由詩」と整理することも出来る）、詩を取り巻く環境も驚くほど多様なものになって現代に至っています。

　このような現代詩も、もちろん言葉の持つリズムや抑揚に無関係であるとは思えませんが、定型詩の持つような律動の反復や型からは自由であり、ある種のオブジェのように言葉がそれぞれ別のベクトルを持ち得ます。そのことは言葉の律動から「うた」をメロディーとして顕在化させることとは別の形で、作曲家が音楽上の技法を駆使し、深みや厚みのある音楽表現を試みることに適していると言えるのかもしれません。
　例えば、よく合唱曲のテキストになっている谷川俊太郎も、あらゆるジャンルに日常的な心情から離れない多義性に富んだ数多くの詩を残しています。そのような詩には抽象画のように多くの謎や解釈の余地（もしくは不可能性）があり、定型詩の持つ一種の様式美のようなものではなく、情緒がいびつにはみ出したり、言葉と言葉が整合性を保てず別の熱量やストーリーを生み出すような趣きがあります。
　総合して「詩」というものを考えると、詩とは必ずしも言葉の意味内容を伝えるだけのものではなく、まず、言葉の律動や語感と一体のものであり、また同時に、言葉の表面をなぞるものでもなく、その多義性を汲み取り想像し、味わうものである、ということを十分に理解しておかなければならないでしょう。

第4章　日本の音楽とは何か

第1課　日本の音楽について

　言葉、日本語、日本の詩歌とみてきました。実際に歌い方というところにいくまで、日本の音楽、特に言葉がついた日本の音楽についてざっと確認しておくことにしましょう。日本の音楽の特徴とは何かということです。日本の音楽もまた、ほかの文化と同様に様々な時代に様々な国の影響を受けながら変遷をしてきているので、何をもって日本の音楽というのか、という問題は付いてまわります。ただ、忘れてはならないのは私たちが「日本の合唱曲」「日本語の合唱曲」と言うときに、たいていそれは「西洋音楽」と「日本語」との「折衷的な要素を含んだもの」であるということなのです。もちろん様々な変容を遂げた結果「日本語の合唱曲」というジャンルが立派に確立しているわけですが、歌唱するときには、日本語の生理から発生した伝統的な音楽ジャンルが元来どのようなものであったかということを思い出しておいたほうが良いと思います。

　日本人は古来より「ことば」を大切にしてきており、楽器だけの音楽よりも「ことば」を使った音楽（声楽の伴う音楽）が多く、「歌い物（メロディー中心）」や「語り物（言葉中心）」として分類されることもあるようです。歴史を俯瞰しながらそれらをまとめると、下記のように整理されることがあります。

　　雅楽　　…宮廷音楽。日本に昔からある歌や踊り（舞）と、アジア大陸から伝わった音楽など
　　　　　　　が混ざり合って出来た音楽で、声楽の曲では、久米歌、神楽歌、催馬楽、朗詠等。
　　声明　　…インドを発祥として奈良時代に伝わってきたもの。仏教の経典に節をつけて歌った
　　　　　　　音楽。
　　能　　　…劇、舞踊、音楽からなる総合芸術で、歌いながら演技をする立方と、楽器を演奏す
　　　　　　　る囃方によって演奏される。
　　浄瑠璃…語り物音楽の一つで主に三味線の伴奏で語られる。
　　長唄　　…歌い物音楽の一つで主に三味線とともに歌われる。

　もちろんそれ以外に、器楽音楽としては「尺八音楽」「三味線曲」「箏曲」「琵琶楽」等がありますが、言葉や声を伴う音楽に通底して言える特徴としては、次のようなことかもしれません。

第2課 特徴1 和音について

　日本音楽には複雑な和声の理論はなく、西洋で言うところの和音は上手くはまりません。時にヘテロフォニックなサウンドを伴っていたり、声楽が主旋律を受け持って、伴奏楽器が間合いを見ながら主旋律をアレンジしていくような手法があったりします。後から和音のようなものを入れても成立する曲はあるにはありますが、機能和声のような形で存在していたわけではありません。

第3課 特徴2 拍子について

　拍節的な感じでのリズムをあまり持たないとも言えます。強いて言えば一拍子的、もしくはグレゴリオ聖歌的な抑揚で成立していることが多かったり、母音のメリスマ的な朗誦で成り立つ場合もあります。この問題は、言語の発語や歌唱に直結することにもなりますので、もう少し詳しく考えてみましょう。

　例えば、わらべうた「あんたがたどこさ」ですが、このような曲が日本的な曲と言えるのかもしれません。言葉を中心にした拍子は一拍子的というのか、やり取りや間合いの感覚で出来ていることに気付きます。

「あんたがたどこさ」

　あんた / がた / どこ / さ　ひご / さ　ひご / どこ / さ　くま / もと / さ…

　明確な拍子を見つけられないと言うのは日本音楽の特徴の一つだとも言えるでしょう。もちろん、一部の民謡のようにやや拍節的であったりするものもありますし、海洋民族的なリズムを持った曲もあり、本格的な分類や分析には多種多様な観点が必要です。しかしながらここで思い出したいのは、日本語が強弱のアクセントを持たない言語であったということです。その特徴の延長線上に伝統的な日本のうたや声楽音楽もあると言えるのではないでしょうか。対称的な言語である英語やドイツ語の曲を見てみましょう。

「アメイジング・グレイス」アメリカ古謡

「野ばら」シューベルト作曲

　この二つの曲が、言語上のアクセントの位置に音楽上の強拍が来るメカニズムを持っていることに気付きます。これは非常に重要なことだと思います。それに対して、日本語の生理に即して作られた伝統的な曲は、一拍子的なものや間合いが支配してるもの、またはメリスマや母音で朗誦する感じのものが中心的であることがわかります。

「催馬楽」楽譜

「会津磐梯山」

第4課 日本の合唱曲とは

　日本という国は島国としてリズム的にも旋法的にも特有のものを持ちながらも、近隣の諸国や様々な文化の影響を受けてきたと言えますし、前述したように何が日本の歌かと考えるとこれまた非常に難しい問題です。しかし、少なくとも一般的な「合唱」という概念は西洋音楽と同時に明治期より日本に入ってきており、それまでの日本の音楽とは異なった融合型の文化を醸成させる過程で生まれているとも言えます。つまり、山田耕筰や同時期の作曲家以後の日本の歌曲や合唱曲は、そのほとんどが日本語と西洋音楽の融合を試みたものだと言えるでしょう。少なくとも「唱歌」によって日本古来の音楽の特徴は薄れ、一つの音譜に一つの母音が入る歌が主流となったことは間違いありません。このことが、日本語の歌や合唱曲をある種独特のものにしている可能性があると思っています。逆に言えば、私たちは「日本語で歌う合唱曲」が「日本語の持つ生理と西洋的な音楽様式とが上手に折り合いをつけて成立している」ことに気付かねばならないと思うのです。いくつかの代表的な「日本語と西洋音楽の折衷」曲を見てみましょう。

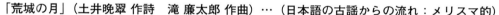
「荒城の月」（土井晩翠 作詩　滝 廉太郎 作曲）…（日本語の古謡からの流れ：メリスマ的）

　楽譜を見たら四分の四拍子と分かりますが、小節の整理がなされまとまりは感じるものの、演奏の仕方によっては拍子を感じることは出来にくいですね。強拍弱拍が明瞭にある四拍子的特徴を兼ね備えているわけではなく、どちらかというと母音に余剰を持たせる詩吟的というかメリスマ的特徴を残していると思います。

「からたちの花」（北原白秋 作詩　山田耕筰 作曲）…（日本語の特徴を備えた曲：抑揚、アルシステーシス）

例えば、同じ山田耕筰作曲の「この道」「かやの木山の」大中寅二作曲の「椰子の実」なども同様だと思いますが、日本語の特徴から言葉のアクセントが強拍に来るという構造とは異なります。裏拍や弱拍から始まるのですが、それらはドイツ語における「冠詞からの名詞」のようなアウフタクトを形成するのではなく、「語頭」の持つ推進力のようなものを裏拍（アウフタクトというより間合いに似ている）から強拍に向かう流れの中に生かしているとも言えます。むしろグレゴリオ聖歌で感じられるアルシステーシスのようなものを日本語のイントネーションに重ねていると言えるのかもしれません。

第５章　日本語の合唱曲を歌うときに気をつけるべきこと（１）
～日本語のメカニズムを忘れない

　さて、日本語の合唱曲を歌うことへのアドバイスを主眼とした本書ですが、安直なハウツーにならないように敢えて様々な前提を順番にひも解いてみました。なぜなら日本語の合唱曲といってもいろんな曲があり、いろんなシチュエーションが生じます。どうしても答えを求めて「どう歌えば良いのですか」という質問が多く出てくるのですが、これまで見てきたような前提を理解することによって、様々な課題や懸案に対して自ずと柔軟で適切な判断が出来ると考えたからです。

　とは言え、いよいよ日本語の合唱曲で一般的に陥りやすいパターンの確認や、その対処方法について考えてみましょう。話を「歌唱するときに気を付けたいこと」と単純化していますのでその点はご容赦ください。まず日本語の特徴を大雑把に整理、復習すると下記のようになります。

1）　日本語はほぼ子音と母音が一対一の対応をするため、西洋音楽との折衷で生まれた近代の曲（合唱曲はほとんどそう）の中では「一つの母音に一つの音符が」当てられる構造が多い。

2）　日本語には強弱アクセントはなく語頭の高低差などでニュアンスを作っている言語である。

　1）については、見てきたように、英語やドイツ語の場合には一つの音符の中に二重子音や二重母音が入る可能性があり、それが音符では表せない細かいリズムを刻んだり複雑なニュアンスを形成しているとも言えるのですが、日本語の合唱曲の場合には一つの音符に一つの母音しか入らないことになるため日本語の持つ「等拍性」の罠にはまる可能性があるわけです。
　例えば、次のような曲の場合、判子を押したような変化のない歌い方をしてしまうことがあり得ます。

20

「うたをうたうとき」（谷川俊太郎 作詩　信長貴富 作曲）〜部分　　Ⓒedition KAWAI

日本語は語頭（推進力を生み出している）にニュアンスがあり、語尾や助詞をコンパクトに抑えることで語頭を際立たせることが出来るわけですから、図では表しにくいですが、下記のような歌い方をすることで日本語が伝わりやすくなるわけです。

（語頭や語尾を意識すると。あくまでも「例えば」です。）

うたを　うたうとき、　わたしは　からだを　ぬぎすてます・・・

（メロディーライン。あくまでも音階を中心に。）

さらに語尾や助詞はどのような音符で表されることになっているかを確認してみましょう。語りの場であればコンパクトに発語されるべき「語尾」や「助詞」が、曲の中ではことごとく「長い音符が来る」構造になっていることに気付けると思います。

　　　　　（うたをうたうときー　　わたしはー　からだをー　ぬぎすてーますー）

日本語は、語頭に推進力があり、そこでニュアンスを表現しますから、語尾はその分スローダウンするか、詠嘆的な気持ちや余情を滲ますようなことになるはずです。それはこの曲に限らず、日本語の曲全てに言えることでもありますが、日本語の曲では、棒状に伸びる語尾や助詞の母音

ばかりが聞こえてくる演奏というものをよく耳にすることがあります。ニュアンスの欲しい語頭よりも、語尾や助詞のほうが物理的に音がある時間は長くなる可能性があるのです。そこを目立ち過ぎぬようにコンパクトに収めることや、詠嘆の気持を込めながら減衰させたり、次の言葉に向かうように高揚させたりしながら音色を変化させていくことなどが必要だと思うのです。

　短歌の読まれ方を思い出してみてください。末尾の母音を引っ張りながら、情緒が表現されていることがありますよね。日本語に付けられた日本音楽（それに応じた発声）ならば、その延長線上に音楽表現がなされるのでしょうが、日本語と西洋音楽（西洋的発声）との折衷によりこのような構造が生まれる側面のあることを理解し、言葉が伝わる工夫をすることが重要です。

　2）についても1）と連関します。楽譜の表記上、弱起から始まる語頭の部分が潜ってしまったり、語尾や助詞でも強拍に来ると無意識のうちに強くなってしまう可能性があるのです。
　木下牧子作曲の「夢みたものは」を思い出してみましょう。

　強拍にアクセントが来ると、「ゆ（め）み（た）も（の）は―ひと（つ）の」となってしまいますので、要注意です。語頭からの流れを意識することで拍節的な音楽ではなく、日本語の表情を引き出すことが出来ると思います。

第6章　日本語の合唱曲を歌うときに気をつけるべきこと（2）
～言葉と歌の関係、言葉と音楽の関係

　さて、そのような日本語に付けられた合唱曲ですが、発語における理屈上の問題だけでなく、次にはどのように言葉の内容を表現するのか、ということが重要になってくると思います。考えてみると、これも単純なようで必ずしもそうではありません。音楽と言葉と歌は、相互内包的で相互連関的な関係を持っています。しかし、それでも大雑把に分けてみると、声楽曲の作曲はおよそ次の二つの種類に分けられると言えるかもしれません。つまり「言葉をそのままに聞かせたい場合（部分）」と「言葉の内容を音楽で表現している場合（部分）」があるということです。

　　波が寄せるよ　　　雨が降ってきたよ

　という言葉が歌になるとき、「波をイメージさせる音型」があったり「雨粒が落ちてくる音の効果」が表現されている場合と、「言葉そのもの」を丁寧に発語させる場合の二種類があるというわけです。「春の光が降り注いだ」という歌があるとして、もしその曲が言葉の内容を和音や旋律線を使って音楽そのもので表現していた場合、発語が丁寧で聞き取り易かったとしても、ニュアンスが伝わるかどうかは分かりません。「Haru」という言葉は聞こえてきて感知出来たとしても、音楽そのもので総合的に「春」のもつ雰囲気や感覚を伝えねばならない場合もあるということです。しかも、さらにその先の問題として、言葉の両義性や多義性までを表現出来ないといけないこともあります。このあたりが表現の深みでもあるのですね。

　さきほどの「初恋」を引用してみましょう。

　　「まだあげそめし前髪の」

　というひと言ですが、第一の意味は、文字通り「前髪を上げたばかり」ということでしょうが、これが文化的なコードに結び付くと、髪を結う年齢になる＝「少女」から「娘」になるというメッセージでもあるわけですね。そして、もちろんこれも二種類の意味しかないわけではありません。私たちの経験や想像を含んだ滲む心情のようなものがありますよね。「なんとなく分かる」という共感とともに、甘酸っぱい、ほろ苦い、面映ゆい、…ような気持ちが沸き起こってくる可能性があるということです。

　「春」という言葉ひとつとっても、文脈の中でどのような意味を形成しているかを読み取らねばなりません。例えばそれは、雪が溶けて、水が流れて、花が開いて蝶々が飛んでいる待ちに待った春なのか、新学期や新しいことのスタートのために何かと不安や心配がある春なのか、文脈によっては、「また一年が過ぎてしまった」という意味にもなるでしょうし、それらの意味が多層的

に響き合って複雑な情感を醸成しているのかもしれません。

　「ありがとう」と言う言葉は、お礼の挨拶の言葉です。しかし、それは、道を教えてもらった少年が元気に発する言葉なのか、肩を叩いてもらったおばあさんが振り返りながら言う言葉なのか、不安を抱えていた人が救われたときに心の底から発する言葉なのか、忙しいスーパーの店員がマニュアル通り発する「ありがとう」なのか分かりません。いろんな可能性があるものです。

　私たちは言葉をコミュニケーションの手段として使います。言葉とは、まず生理的な反応を引き起こす律動（ブーバ・キキ、子音母音の感じ、反復）のようなものがあり、それに加え、指し示す直接的（表層的）な意味があり、文化的コードに結び付いた深層の意味があり、さらに付随して滲んでくる余情のようなものが含まれており、極めて多層的な内容に満ちたものだということです。

　それを歌うとき、私たちは知性と感性とを総動員して取り組まねばなりませんし、より良い表現に向けて発声の技術を獲得しなければならないということですね。

第7章　作曲者・編曲者がどう詩を読んでいるのか

　こう考えてくると、ちょっと陥ってしまう可能性が出てくるのが、「歌詞解釈の罠」なのです。コンクールに出る学校からも、よく歌詞の解釈についての質問を受けることがあります。もちろんテキストに興味を持つ、調べる、研究するということは非常に素晴らしい態度で、音楽に対する影響だけではなく、自身の世界観を広げてくれるでしょう。

　しかし、私が罠という言い方をしたのは、テキストを解釈して満足してしまう罠、ということでもあります。まず、私たちとテキストの間には作曲家がいるということを忘れてはなりません。私たちはテキストを読むと同時に、作曲家がどのようにテキストを読んだのか、作曲家がどのように触発されたのか、「それはどのような音楽として表現されているのか」ということに関心を持たねばならないように思います。歌詞で止まってしまってはならないのです。あくまでも取り扱うものが音楽でなくては意味がありませんし、言葉では説明出来ないから、言葉だけでは伝わりきらないから「音楽表現」となっているとも言えるのです。

　　彼は握り締めていた貝殻を波に向かって投げ捨てた
　　それは一瞬、星のように煌いた

　という言葉があるとして、自分が作曲家ならどんな曲にするだろうか、と考えてみると、言葉と音楽の関係が見えてくるということがあると思います。例えば、まずこの詩をどう読むか、メロディーをどうつける、何拍子の曲にする、和声はどうする、パートをどう選ぶ…と考えてみると、作曲家の心情が想像出来たり、楽曲分析の手法が見えてくるかもしれませんね。好きな合唱曲の中でテキストがどのように扱われてるかを研究したり、たくさんの曲を分析し、「言葉と曲の関係」を確認してみると良いでしょう。

「ほらね、」（いとうけいし 作詩　まつしたこう 作曲）（部分）
　　川は（mfm）風と（mss）語り合っているよ
　　鳥は（ssl）花と（lds）触れ合っているよ
　　日差しは（mfss）木の葉と（lsss）とじゃれあっているよ
　　雨は（fml）蛙と（lltd）頷き合っているよ

→　発語と旋律（音高）の関係を確認し、言葉を聞こえさせる工夫をしてみましょう。

「落下傘」（金子光晴 作詩　髙嶋みどり 作曲 ）（部分）
　　旋花のやうに、しをれもつれて
　　　ひるがほ
　　青天にひとり泛びただよふ
　　なんといふこの淋しさだ
　　雹や
　　雷の
　　かたまる雲

→　詩の持つスピード感や内容がどのような構成・拍子・ピアノ伴奏で表現されているのかを
　　見てみましょう。

「夢みたものは」（立原道造 作詩　木下牧子 作曲）（部分）
　　告げて　うたつてゐるのは
　　青い翼の一羽の　小鳥
　　低い枝で　うたつてゐる

→　青い鳥が手の届くところにいるというポイントについて音域の設定
　　詩と楽曲の段落の関係から場面ごとの表現内容を想像してみましょう。

「冬景色」…アレンジの具合を見る

1　さ霧消ゆる湊江の　舟に白し、朝の霜
　　ただ水鳥の声はして　いまだ覚めず、岸の家
2　烏啼きて木に高く、人は畑に麦を踏む
　　げに小春日ののどけしや　かへり咲の花も見ゆ
3　嵐吹きて雲は落ち、時雨降りて日は暮れぬ
　　若し灯火の漏れ来ずば、それと分かじ野辺の里

→　これは、メロディーは1番から3番まで変わりませんが、様々にアレンジされる可能性があ
　　る曲です。朝、昼、夜と変わっていく風景に対してどのような音量、伴奏でのアレンジが
　　なされているかに着目して楽譜を見てみましょう。

第8章　まとめ、言葉を歌う

第1課　朗読してみる

　さて、本書をまとめるに際して、実際の練習の現場をイメージしてみたいと思います。あくまでもエクササイズとして、日本語の言葉の面からのアドバイスです。

　私は日本語の曲を歌うのに最も効果的な練習は、何度も声を出して朗読することだと考えています。場合によっては、上手な人の朗読を聞くのも良いでしょう。しかし、まず何度も何度も声に出して読んでいくうちに、作曲家がどのように考えて曲を作り、歌い手はどのようなことに留意しなければならないか、という「歌い方」が見えてくるように思うのです。と同時に、どうしてここがメゾピアノになっているのか、どうしてここがリタルダンドになっているのか等、曲の表情も見えてくるように思います。もちろん正解は一つではありません。合唱団の声、年齢、スキル、会場の響き…、いろんなものが渾然一体となって演奏を作っている訳ですが、まずは朗読しながら言葉や詩の持つ表情を読み取り、作曲家の心情を想像し、演奏者として表現を自ら切り開いていく必要があると思います。

第2課　日本語のメカニズムを思い出そう

　日本語は強弱のアクセントがない言語であるとともに、語頭を中心とした高低の抑揚にニュアンスがあると言える言語です。西洋音楽と合体しているという側面のある合唱曲では、どのような現象が起こり、どのように対応しないといけなかったかを復習してみましょう。

＜等拍性の罠にはまっていないか？＞

　まず、日本語の合唱曲は一音符一母音になっていることが多いので、等拍性のようなものを帯びる可能性があります。同じ長さの音符が続く時、全て判子を押したような歌い方にならず言葉の単位で歌えているか、フレーズを歌えているか、ということも大事なポイントかと思います。語尾や助詞に長い音符が当てはめられている可能性が高く、そのあたりを上手く処理出来ているかにも留意しておかねばなりません。

＜言葉と拍節の関係はどうか？＞

　弱起の曲などで、弱拍に語頭が来ていたとしたら、そこはより意識して発語したほうが良い可

能性がありますね。二拍目が語頭になっている場合や、裏拍から言葉が始まる場合なども要注意だということです。また、日本語は強弱のアクセントではないわけですから、単に語頭を強くするのではなく、「言葉の表情が出るように丁寧にたっぷりと語頭を歌い出さねばならない」という感じでしょうか。逆に、強拍に助詞や語尾が来ている場合はコンパクトに収めることや音色の工夫をすることを考えないといけないですね。

＜言葉をまとまりで歌えるか？＞

　長い文章の場合、どこにピークやウェイトが来るのか、作曲家はどのように捉えているか、考えなければならないでしょう。

　　　流した　涙が　小川を　作り　海まで　流され　波になる
　　　　　　　　　　　　（「なみだ」みなづきみのり 作詩　北川昇 作曲）

　という曲を歌うとき、それぞれの語頭の発語が明瞭に聞き取れたとしても、中心はどこなのか、どこに向かっているのか、どこを強調したいのか、作曲家はどのような設計図で作曲したのかについて考える必要があるでしょう。全体としても、「涙」が流れて海の「波」になったんだ、と了解させる必要もあるでしょう。よく「息の流れ」「息の運び」というようなことを練習しますが、単語ではなく全体の詩内容を掌握しておくことが大事ですね。

第3課　歌詞と楽曲との関係はどうか？

　練習に際しては、詩の段落と楽曲の段落を見比べる場合があります。作曲家も段落ごとにトーンや場面を考えて楽曲を作っている場合があると思います。また、全体を通してみても一番大きな音量で書かれているところ、一番高い音が書かれているところに作曲家が設計上のピークを作っている可能性がありますから、その部分からテキスト上のキーワード等を読み解き、クライマックスから逆算した段落の構成のようなものにも着目したいですね。また合唱曲は言葉と同時に和音を鳴らせる構造を持っていますから、言葉の意味を表す手段として和音が使われているかもしれません。同じ言葉でも気持ちや状況の変化を和音の変化が示しているかもしれませんし、気持の変化に合わせて伴奏の音型が変わっているかもしれません。そのあたりの関係も分析して、演奏や歌唱のプランに結び付けたいものです。

母音と子音のバリエーション

　日本語を丁寧に歌うことを心がけようとした時に、実は母音と子音のバリエーションも忘れてはならないポイントです。日本語は強弱のアクセントではないので、語頭をしっかり丁寧に歌うとして、じゃあ語尾や助詞は小さくすれば良いのか、ということになってしまうのですが、そんなに単純でもなく、例えばそこに音色の工夫というイメージを追加してみなければならないように思います。

　　ああ、わたしのなかには　あなたがいるのに
　　AA　WATASHINO NAKANIWA　ANATAGAILUNONI

　Aに該当する母音は一種類で良いでしょうか？
　常々、日本語を五つの母音で考えることは五色のマジックで絵を描くようなものになってしまうと思っていますが、同じAでも少し明るめ、深め、浅め、Oに近いもの、曖昧なもの…、いろいろあるでしょう。Aに対応する母音の音色は実は無限に作れるものだと思います。つまり、私たちが絵を描くときに、パレットの上で絵の具を混ぜ合わせることで無数の色を作れるように、母音の音色は無限にあるのです。その中から最適なものを丁寧に選択していく必要があるのではないでしょうか。感嘆詞のA　語頭のA　助詞のA　語尾のA、意味内容や伝え方、伝わり方も考えながら工夫していくことが必要ですね。
　子音についても同様のことが言えるように思います。よく演奏会のリハーサルなんかで、客席から「言葉が聞こえにくいので子音をもっと出して」とアドバイスされる場面に出くわすことがありますが、正確に言えば、「語感に応じて的確に子音を捌く」ことが必要だということでしょうね。

　　悔しいことに、僕は、雲より早く走れなくなった
　　KUYASHIIKOTONI BOKUWA KUMOYORIHAYAKUHASHIRENAKUNATTA

　Kの子音が同じ強さやスピードで良いでしょうか？
　語頭と語尾の違い（息のスピード等）は明確に存在するでしょう。また、同じ語頭に置かれていても「悔しい」と言うときのKと「雲」と言うときのKは全く別物でしょうね。SやHのように音の拍の手前から長く持続することの出来る子音もあります。MやNの子音も強い弱いということだけではなく、拍の手前から長めに響かせることが出来ると思います。子音のメカニズムを研究することで、言葉の表情がきめ細かく出てくるように思います。このあたりの試行錯誤や工夫こそを「練習」と言うのでしょうね。

第5課　言葉だけではなく内容を歌えているか？

　　僕は青空を見上げた

と書かれているだけなら、前向きな印象ですが

　　そのとき涙が頬を伝った

と続くと、複雑な印象が加わるのではないでしょうか。さらに

　　空はあの日と同じ青さで輝いていた

と歌うとしたら、それは晴れやかな感じのものかどうか分からないですよね。「あの日」とは何か、失われたものを回顧するノスタルジックなものなのか、後悔の気持ちや長い時間を惜しむ情とかがあるのかどうかも想像しなければなりませんし、それによって音量の強さ弱さだけでなく、母音の種類や子音のスピードの選択も変わってくるのかもしれません。同じ空を見上げるという行為でも、文脈による意味の違いを感じ分けないといけないですね。

　「かなしい」と書いてあったとしても、悲しい、哀しい、愛しいという漢字が当てはまる可能性があるだけでなく、相互浸食的にイメージが滲んだり広がる場合もあります。言葉を歌うということは、内容を音楽（声）で表現するということでもあるのだということを忘れてはなりませんね。

第9章　言葉を超えて響くもの

＜文化としての言葉＞

　さて、心に響くものって何なのでしょう。伝わるってどういうことなのでしょうか？　こんな経験があります。

　学生時代のことです。演奏旅行に出向いたドイツの田舎町の教会で、その日の夜に歌うミサ曲の練習をしていると、リハーサル中に教会に来ていた老婦人が足を止めて私たちのミサ曲に耳を傾けておられたのですが、テキストがEt incarnatus est de spiritu sancto ex Maria virgineに差し掛かったところで突然手を組みひざまずかれました。そしてそのまま頭を垂れて聞かれて、演奏が終わると十字を切って出て行かれました。私たちはもちろん歌詞の意味を知り、テキストの内容を分かっているつもりで練習していたのですが、紙上や机上の理解ではなく、言葉が文化や生活の中でどのような意味合いを持つのか、ということが大事だと思い知らされた瞬間でもありました。

＜身体から発する言葉＞

　また別のシーンです。一度、オペラの演出家を講師に招き、「モーツァルトのレクイエム」からいくつかの曲を題材にして「シアターピース」のワークショップを開催したことがあります。直立不動で演奏することに何の疑問も持たない曲を選曲したのは、合唱曲の演出というよりは、言語の身体的表現が音楽にどのような変化をもたらすかを試すためでもありました。内容は至ってシンプルな方法で、例えば、「Dies irae（怒りの日）」を歌うときに、これは神の怒りであると考えて演劇的に動き回ると（…怒りの表現として、足を踏み込み、拳骨を上げ下す等）、テキスト内容を理解し易くなるとともに、Dの発語（息の初速）とステップ（力強く足を踏み出す）とが絡み、内容に合った強い音になってくることが確認出来ました。この体験は「音韻と意味内容との相互関係」「言語と動作、動作と音楽との連関」という根本的な要素を再確認し、合唱表現の可能性について深く考えさせるものとなりました。

　例えば、日本語で「あなた」と発語するときの身体の感じを考えたことがあるでしょうか？私たちが、言葉で何かを伝えるときにも無意識のうちに身体表現が生じている場合があると思います。私たちは言葉を理解するときに、決して音声情報だけを頼りにしているのではないのです。演奏の際の表情や身体の感じが、言葉以上に中味を伝えることに貢献していることは間違いないでしょう。

　「あの空を目指して」と歌うときにも、練習の中で一度は「窓から外の空を指さして歌うというような身体表現を伴う」プロセスがあると、全然違う音になるということがあります。「窓を開けると」という言葉とともに窓を開ける動作をする…、という練習を繰り返すことで、想像力が覚醒し、動作と言葉が連動し、言葉を発語するのにより良い音色や息のスピードへと繋がることがあると思います。

　言葉は身体と連動し、記憶や体験とも連携しているものなのだと思います。

おわりに

　2017年バルセロナであった世界合唱シンポジウムに出演したときのことです。このような場面では、日本の音素材を使った民俗性に依拠した曲目を演奏することが多いのですが、タウンコンサート（招待団体が市街地の小さなコンサート会場で演奏する）では、演目が不足し、松下耕先生の「信じる」と「ほらね、」を追加して演目に入れてみました。特に解説のないまま歌い出したこの曲に涙を流されている人たちがおられました。一切日本語の分からない人たちの前で、西洋音楽と変わらない書法の曲について、私たちはともかく思いっきり「日本語で熱唱」してみたのですが、あとで感想を聞いたところ、曲の内容通りの伝わり方をしていたことが確認出来て驚きました。曲の力でもありますが、この体験は「言葉に気持ちを込めることが一番伝わる…」ということの一例かもしれません。

　本書では、日本語について、その周辺の事柄を含めて、少し分かりやすく簡略化する形で見てきました。しかしながら、やはり言葉って何だろうという根源的ことを考えてしまいます。

　言葉の発語を部分的に反復練習するよりも、全体の文脈や意味について考えてみたり、自身の記憶や心情に合わせて理解したり、想像したりすることで、ここで説明してきたようなプロセスをすっ飛ばして直観的に伝わる言葉に変わっていくということもあります。つまり、言葉について考えるということは、コミュニケーションや表現について考えることでもあります。そして演奏というものもまた「誰かに何かを伝えよう」とする意志そのものであり、コミュニケーションでもあるのです。

　そういう意味では、決して安直なハウツーを求めるのではなく、言葉を読み詩人の心情を想像する…、楽譜を読み作曲者が言葉をどのような音楽表現に変換したかということに思いを馳せる…、そうした練習を通して、ようやく言葉と音楽を自分のものにし、それを「伝える」という意志を持つことが大事だと思います。

　ぜひ、日本語を様々な観点から考え、捉えた上で、自身の言葉として演奏されますように。素敵な演奏は合唱団の数だけあるはずですから、言葉と格闘しながら、自分たちの表現を見つけ出してくださいね。

伊東恵司

京都市在住。児童・混声・女声・男声…あらゆる形式・ジャンルの合唱指導を行い、全日本合唱コンクール・宝塚国際室内合唱コンクール等でグランプリ、金賞、特別賞を多数受賞。世界合唱シンポジウムでは2度にわたり（ソウル・バルセロナ）特別招待演奏団体（「なにわコラリアーズ」「Ensemble Vine」）に選出される等、海外公演も多数。現在は、全国各所で講習会講師や審査員を務めるだけでなく「アルティ声楽アンサンブルフェスティバル（京都）」「コーラスめっせ（大阪）」の主催や「世代間を結ぶわらべうたプロジェクト」「小中高の音楽教師向け講習会」の企画等、合唱の広がりを目指した活動を行い各方面の注目を集めている。日本合唱指揮者協会理事、全日本合唱連盟子どもコーラス委員。カワイ出版より「スチューデントソングブック（1・2）」他を上梓。

また、「みなづきみのり」のペンネームで作詞活動を展開。ナレーションと演出による「合唱物語」という形態の構成も含めて、松下耕、千原英喜、高嶋みどり、信長貴富、相澤直人、山下祐加…等の作曲家により多数の曲が作られている。

携帯サイトはこちら▶

出版情報&ショッピング　カワイ出版ONLINE　http://editionkawai.jp

合唱エクササイズ　日本語編 ITOH METHOD　伊東恵司（いとうけいし）著

●発行所＝カワイ出版
〒161-0034 東京都新宿区上落合 2-13-5　TEL 03-3227-6286 ／ FAX 03-3227-6296
出版情報 http://editionkawai.jp

●表紙デザイン＝飯島 博　●本文デザイン＝ NHKビジネスクリエイト　●印刷・製本＝平河工業社

ⓒ 2019 by edition KAWAI, a division of Zen-On Music Co., Ltd.

●楽譜・音楽書等出版物を複写・複製することは法律により禁じられております。
落丁・乱丁本はお取り替え致します。　　　　　　　　　　　　　　2019 年 5 月 1 日　第 1 刷発行
本書のデザインや仕様は予告なく変更される場合がございます。　　2025 年 8 月 1 日　第 5 刷発行
ISBN978-4-7609-2197-3